बुल्लेशाह

(पूर्णकालिक नाटक)

पता : प्रताप सहगल, एफ–101, राजौरी गार्डन, नयी दिल्ली–110027

ई–मेल : partapsehgal@gmail.com

बुल्लेशाह

(पूर्णकालिक नाटक)

प्रताप सहगल

वाणी प्रकाशन

वाणी प्रकाशन

4695, 21-ए, दरियागंज, नयी दिल्ली 110 002

फ़ोन : +91 11 23273167 फ़ैक्स : +91 11 23275710

शाखाएँ

अशोक राजपथ, पटना 800 004, बिहार

कॉफ़ी हाउस कैम्पस, महात्मा गाँधी मार्ग, इलाहाबाद 211 001, उत्तर प्रदेश

महात्मा गाँधी अन्तरराष्ट्रीय हिन्दी विश्वविद्यालय, वर्धा 442 001, महाराष्ट्र

सुल्तानिया रोड, मोतिया पार्क, भोपाल 462 001, मध्य प्रदेश

www.vaniprakashan.com
marketing@vaniprakashan.in
sales@vaniprakashan.in

Bulleshah
by Pratap Sehgal

ISBN : 978-93-5518-175-6
Play

प्रथम संस्करण 2022

मूल्य : ₹ 199

आर. टेक ऑफ़सेट प्रिंटर्स, दिल्ली-110032 में मुद्रित

वाणी प्रकाशन का लोगो मक़बूल फ़िदा हुसेन की कूची से

एस. एम. अज़हर आलम

को याद करते हुए

उन्हीं के लिए

बुल्लेशाह लिखने का कारण

दुनिया में कई तरह के दर्शन मौजूद हैं। कई विचारधाराएँ और संघर्षशील व्यक्तित्व भी। कोई भी लेखक अपनी रुचि और मिज़ाज के अनुरूप विषय या व्यक्तित्व का चुनाव करता है। खुद पर नज़र डालता हूँ तो यही पाता हूँ कि मुझे हमेशा उन्हीं व्यक्तित्वों ने आकर्षित किया है, जिनमें प्रतिरोध या विद्रोह की क्षमता होती है। वे दी गयी परिस्थितियों एवं मूल्यों को ज्यों–का–त्यों स्वीकार नहीं कर लेते बल्कि अपने समय की ज़रूरत और अन्तर्मन की आवाज़ को सुनते हुए ही अपनी राह अलग बनाते हैं। उन पर चलते भी हैं।

इसी दृष्टि से मुझे नचिकेता पसन्द है क्योंकि उसने अपने पिता की ग़लत सोच को स्वीकार नहीं किया। उसे प्रश्नांकित भी किया और पिता के क्रोध के चलते ही उसे मृत्यु प्राप्त हुई। मृत्यु के बाद यम के घर तीन दिन रहने के कारण यम ने उसे तीन वर माँगने के लिए कहा। जब वर माँगने का समय आया तो तीसरा वर यही माँगा कि यम' उसे मृत्यु के बाद जीवन का क्या होता है, यह रहस्य समझायें। यम द्वारा दिये गये तरह–तरह के प्रलोभन भी उसे अपनी जिज्ञासा से डिगा नहीं पाये और अन्ततः यम ने उसे जन्म–मृत्यु का रहस्य समझाते हुए आत्मा एवं आत्म–दर्शन बताया। कठोपनिषद् में इसी कहानी के माध्यम से एक ऐसे दर्शन का प्रतिपादन हुआ, जिसे हम वेदान्त कहते हैं। यही दर्शन कालान्तर में गीता के रूप में हमारे सामने और भी विशद रूप में उपस्थित होता है। तात्पर्य केवल इतना

कि अगर नचिकेता में विरोध, प्रतिरोध और शोध का भाव न होता तो यह दर्शन भी हमारे सामने न खुलता। इसीलिए नचिकेता के विरोध, प्रतिरोध और शोध के भाव मुझे पसन्द हैं, लेकिन उनके द्वारा प्राप्त ज्ञान भी मेरी निगाह में आज सन्देह के घेरे में है। इसी सन्दर्भ में आप मेरी एक कविता 'ओ नचिकेता' देख सकते हैं।

इसी तरह से मुझे पसन्द हैं भगतसिंह और सुभाषचन्द्र बोस। यह दोनों मेरे जीवन के नायक हैं। भगतसिंह के जीवन और समय से जुड़ा मेरा नाटक 'रंग बसन्ती' सामने है और सुभाषचन्द्र बोस को रेखांकित करते हुए भी मेरी एक कविता है 'दिल्ली चलो'। 'अन्वेषक' में आर्यभट का व्यक्तित्व भी उनके शोध–परिणामों की भित्ति पर खड़ा नये मूल्यों के अन्वेषण की माँग करता है। वह समाज की उन शक्तियों से भी लड़ता है, जो अपने निहित स्वार्थों के कारण वैज्ञानिक विकास के मार्ग में अवरोध खड़ा करती रहती हैं।

बुल्लेशाह ने भी मुझे अपनी ओर इसीलिए आकर्षित किया कि उसने इस्लाम के कर्मकाण्ड को अस्वीकार करते हुए सूफ़ियों का रास्ता अख़्तियार किया। वह पण्डितों और मौलवियों के कर्मकाण्ड पर प्रहार करता है। वस्तुतः कर्मकाण्ड आमजन को लूटने के हथियार की तरह से इस्तेमाल किया जाता है। उसका कोई राशनैल हमारे सामने नहीं खुलता। बुल्लेशाह ने अपने पारिवारिक और सामाजिक विरोध के बावजूद अपनी राह ख़ुद चुनी और उसी पर चलते रहकर उन्होंने एक मुक़ाम हासिल किया। वस्तुतः बुल्लेशाह की यात्रा इल्मे–सफ़ीना से इल्मे–सीना और इश्क़ मज़ाजी से इश्क़ हक़ीक़ी तक की यात्रा है। हमारे यहाँ धर्म की जितनी भी शाखाएँ मौजूद हैं, उनमें से सबसे अधिक प्रेम का भाव सूफ़ियाना क़लाम में ही दिखाई देता है। कारण सूफ़ी मत में ही निहित हैं। सूफ़ी मत पर इस्लाम का प्रभाव तो है ही, वेदान्त का भी बहुत प्रभाव है। मुस्लिम विजय के साथ ही सूफ़ी मत भारत में आया और इस मत का भी भारतीयकरण हुआ। इसने भारत के एक बहुत बड़े वर्ग को प्रभावित किया।

सूफ़ियाना क़लाम की रसाई क़रीब–क़रीब हर मत में किसी–न–किसी रूप में हो चुकी है। आत्म–संयम और गहन वैराग्य इसके मुख्य आधार हैं।

बुल्लेशाह का समय सत्रहवीं शताब्दी के अवसान काल से लेकर अट्ठारहवीं शताब्दी के मध्य यानी 1757–58 तक है। उनका जन्म सन् 1680 में अविभाजित भारत की रियासत बहावलपुर के एक सैयद परिवार में उच्च गलानियाँ गाँव में हुआ। उनके जन्म के छह वर्ष बाद ही उनके पिता शाह मुहम्मद दरवेश परिवार सहित तहसील साहीवाल आ गये। उनकी माँ का नाम फ़ातिमा था। शाह मुहम्मद दरवेश पाण्डोके की मस्जिद के मौलवी हुए। बुल्लेशाह का बचपन का नाम अब्दुला शाह था। उनकी प्रारम्भिक शिक्षा पाण्डोके में ही हुई लेकिन उच्च शिक्षा उन्होंने कसूर में पायी। इस तरह बुल्लेशाह फ़ारसी एवं अरबी के विद्वान हुए लेकिन उन्हें इस शिक्षा से सन्तोष नहीं था। उनकी खोज इससे आगे कुछ और हासिल करने की थी।

कहा जाता है कि सूफ़ी मत का उद्‌गम स्वयं पैग़म्बर मुहम्मद से हुआ। इल्मे–सफ़ीना यानी वह ज्ञान जो हम धार्मिक ग्रन्थों से प्राप्त करते हैं और इल्मे–सीना यानी वह ज्ञान जो हृदय द्वारा प्रतिपादित होता है। यही कठिन यात्रा बुल्लेशाह के सामने भी थी। आठवीं सदी में ग्रीक, फ़ारसी, वेदान्ती तथा बौद्ध मतानुयायियों का प्रभाव आया तो वैराग्य और गूढ़ ज्ञान को सूफ़ीवाद का ही हिस्सा माना जाने लगा। रूढ़िवादी मुसलमान इन सूफ़ियों को पाखण्डी मानते थे और सूफ़ी इन रूढ़िवादी मुसलमानों की कर्मकाण्डी रवायतों पर तंज़ करते थे।

तेरहवीं शताब्दी में फ़ारसी के तीन बड़े रहस्यवादी कवि हुए– फ़रीरूद्दीन अत्तार, जलालुदीन रूमी और शेख़ सादी। चौदहवीं शताब्दी में हाफ़िज़ और जामि जैसे विख्यात कवियों का ज़िक्र आता है। भारत में सूफ़ी मत का प्रभाव हम सूफ़ी मत के चार प्रमुख सम्प्रदायों के रूप में देख सकते हैं। यह सम्प्रदाय हैं–चिश्ती वर्ग, क़ादिरी वर्ग, सुहरावदी वर्ग और नक्शबन्दी वर्ग। फ़िर्दोसी और शत्तारी वर्ग के प्रभाव को भी नज़रअन्दाज़ नहीं किया जा सकता।

भारत में क़ादिरी सम्प्रदाय मुहम्मद ग़ौस नामक सूफ़ी दरवेश के माध्यम से पहुँचा। बुल्लेशाह की दीक्षा शाह इनायत के माध्यम से इसी सम्प्रदाय में हुई। शाह इनायत का रिश्ता क़ादिरी वर्ग से था और वह जाति के अराई थे, जबकि बुल्लेशाह यानी अब्दुला शाह सैयद थे। नाटक में पहला फ़्लैश पॉइंट यही बनता है। जातीय आधार पर ऊँच–नीच। यह भी मनुष्य का ही बनाया हुआ तन्त्र है, जिसमें भारतीय समाज बुरी तरह से जकड़ा हुआ है। इस कॉन्फ़्लिक्ट के बिन्दु को मैंने नाटक में बाँधा है। इसके अतिरिक्त बुल्लेशाह की अपने मुर्शिद शाह इनायत से भी प्रेम और पीर भरी टकराहट होती है। बुल्लेशाह हिन्दू धर्म से भी प्रभावित है। जब वह अपने मुर्शिद की रुसवाई के बाद अपना कुसूर बख़्शवाने के लिए शाह गोप की मज़ार पर सिजदा करने ग्वालियर जाता है। लौटते हुए वह मथुरा रुकता है। यहीं वह कृष्ण के प्रति लोगों के प्रेम से प्रभावित होकर भी कुछ काफ़ियाँ लिखता है। बुल्लेशाह ने काफ़ियों के अतिरिक्त बारहबाह, अठवारे, सीहराफ़ियाँ, दोहे तथा गंढाँ भी लिखी हैं, लेकिन मैंने इस नाटक में केवल उनकी कुछ काफ़ियों का ही इस्तेमाल किया है।

यहाँ मैं नाटक की कथा को खोलने नहीं बैठा, वह तो आपको पढ़ना ही पढ़ेगा। बुल्लेशाह के क़लाम के माध्यम से प्रेम का सन्देश देना ही इस नाटक का उद्देश्य है। रूढ़िवादी कर्मकाण्ड के बिना जीवन और भी बेहतर ढंग से जिया जा सकता है। बुल्लेशाह का समय उथल–पुथल का समय था। धार्मिक कट्टरता का समय था। बुल्लेशाह ने कई बादशाहों की बादशाहत देखी। उसके जन्म के समय औरंगज़ेब का शासन था। औरंगज़ेब ने 1658 से 1707 तक शासन किया। बुल्लेशाह का जन्म 1680 का है यानी औरंगज़ेब की मृत्यु के समय उसकी उम्र सत्ताईस वर्ष थी। यही समय उसकी जीवन दिशा बदलने का समय भी है। बुल्लेशाह के जीवन के शेष इक्यावन वर्ष औरंगज़ेब के उत्तराधिकारियों की बादशाहत में गुज़रे। यह बात सर्वविदित है कि औरंगज़ेब कट्टर सुन्नी और अहमद सारन्दी का शिष्य था।

वह भारत में इस्लाम का विस्तार चाहता था। औरंगज़ेब के आदेश पर ही सिखों के नवें गुरु, गुरु तेगबहादुर को वीरगति प्राप्त हुई थी। इस घटना के पाँच वर्ष बाद बुल्लेशाह का जन्म हुआ।

जैसा कि इतिहास बताता है कि धर्म के पाखण्ड का प्रतिरोध करने वालों को या तो मार दिया जाता है, या उन्हें देश से निर्वासित कर दिया जाता है। यही बुल्लेशाह के साथ भी हुआ। अपनी प्रेम–भावना और लोक–प्रियता के बावजूद उसे भी अन्ततः कसूर से निकाल दिया गया लेकिन वह तो पीर था। उसने भी कसूर की सीमा पर ही अपना अलग हुजरा बना लिया।

बुल्लेशाह एक संगीत प्रधान नाटक है। एक ऐसे अभिनेता की ज़रूरत इस नाटक को है कि बुल्लेशाह की भूमिका करने वाला अभिनेता न केवल संगीत का अच्छा जानकार हो, वह अच्छा गाता भी हो। नाटक में न कोई अंक है और न ही दृश्य संख्या दी गयी है। एक दृश्य से दूसरे दृश्य तक का संचरण सहज होता चला जाता है। इसके लिए भी कुशल निर्देशक और रंगकर्मियों की ज़रूरत पड़ेगी।

x x x

यह नाटक शायद मेरे मन में ही कुलबुलाता रहता, अगर रवि तनेजा ने एक दिन यह न कहा होता कि मैं बुल्लेशाह पर नाटक खेलना चाहता हूँ, आप बुल्लेशाह पर नाटक क्यों नहीं लिखते? हिन्दी में तो शायद ऐसा कोई नाटक है ही नहीं, और पंजाबी में भी जो नाटक हैं, वे बहुत अच्छे नहीं हैं। मैं तो जैसे तैयार ही बैठा हुआ था। मैंने रवि से कहा कि बुल्लेशाह पर जो भी स्तरीय पुस्तकें हों, उन्हें उपलब्ध करवाने की ज़िम्मेदारी उसकी। रवि ने अपनी ज़िम्मेदारी बख़ूबी निभाई और अंग्रेज़ी, पंजाबी तथा हिन्दी में कई किताबें एक साथ उपलब्ध करवा दीं। मैं उन्हें पढ़ने में जुट गया। जैसे–जैसे पढ़ता गया, बुल्लेशाह मेरे सामने खुलता गया। नोट्स भी लिए

और कुछ दृश्यों की कल्पना भी कर ली। न केवल कल्पना, उन्हें सांकेतिक रूप से लिख भी लिया। पढ़ने में जितना समय लगा, उससे कहीं कम समय मुझे लिखने में लगा। सबसे पहले मैंने अपना ड्राफ्ट रवि तनेजा को ही भेजा। उसे नाटक पसन्द आया, उसने मंचन की तैयारी भी शुरू कर दी लेकिन तभी कोविड–19 का कहर टूट पड़ा और रंगकर्म के लिए स्थितियाँ एकदम प्रतिकूल हो गयीं। पहली लहर से तो हम बच निकले और सोचा कि अब इसका मंचन करें। लेकिन उससे पहले कोलकाता में बंग हिन्दी अकादमी के बैनर तले उमा झुनझुनवाला ने मार्च, 2021 में ही एक बहुत बड़े थियेटर समारोह का आयोजन किया। वहाँ मुझे भी जाना था और रवि तनेजा को भी। मेरे नाटक 'अन्वेषक' का मंचन भी वहीं अयाज़ ख़ान के निर्देशन में श्रीराम रिपर्टरी कम्पनी द्वारा किया गया। बुल्लेशाह के मंचन की योजना फिर टल गयी। यह नाटक मैं लिटिल थेस्पियन के कुशल रंग–निर्देशक एवं अभिनेता अज़हर आलम को भी भेज चुका था। कुछ ही दिन पहले वे दिल्ली आये थे और उन्होंने कहा था कि कोलकाता में केवल वही बुल्लेशाह का मंचन करेंगे। मेरे लिए यह ख़ुशी की बात थी। लेकिन दुर्योग से कोविड की दूसरी लहर ने जो देशव्यापी तबाही की, उससे क्या केन्द्र और क्या राज्य सरकारें, सबके परखचे तो उड़े ही लेकिन जान–माल का जो नुक़सान हुआ, वह अकल्पनीय था। मैंने अपने जीवन में इतनी बड़ी महामारी तो कभी देखी ही नहीं थी, सरकारों का इतना निकम्मापन भी पहले कभी नहीं देखा था। यह विषयान्तर हो गया, लेकिन दर्ज करना ज़रूरी था। कोविड से मैं और शशि (पत्नी) दोनों पीड़ित हुए, बच निकले। उधर कोलकाता में भी अज़हर आलम, उनकी पत्नी उमा झुनझुनवाला और उनके दोनों बच्चे भी इस महामारी की गिरफ़्त में आ गये। दुर्भाग्य ही कहिए कि इस बीमारी में हमारे सबके प्रिय अज़हर आलम नहीं रहे। बहरहाल।

अभी भी स्थितियाँ पूरी तरह से सामान्य नहीं हैं कि रंगकर्म पूर्ववत किया जा सके। इसलिए इसे प्रकाशित करवाना ही अब

अधिक सुखकर लग रहा है, ताकि प्रकाशित होकर यह नाटक अधिक से अधिक लोगों के हाथों में पहुँच सके।

x x x

वाणी प्रकाशन के स्वामी अरुण महेश्वरी से चर्चा की तो वे इसे प्रकाशित करने के लिए एकदम सहर्ष तैयार हो गये। उनका भी आभारी हूँ और आभारी हूँ उन सबका जिनका स्नेह, प्यार हमेशा मेरे साथ बना रहता है।

उम्मीद करता हूँ आपको यह नाटक पसन्द आयेगा और जो इसे खेलना चाहें, वे खेलेंगे। आपके किसी भी सुझाव का स्वागत है, हमेशा की तरह–

प्रताप सहगल

15 अगस्त, 2021

पुनश्च : इससे पहले कि यह प्रकाशित होता, इसका प्रथम मंचन अरविन्द सिंह के निर्देशन में अमृतसर में हो गया और ख़ूब सराहा गया। इस नाटक के तत्पर प्रकाशन के लिए अरुण के प्रति आभारी हूँ।

प्र.स.

7 दिसम्बर, 2021

बुल्लेशाह का प्रथम मंचन दिशा ग्रुप, दिल्ली द्वारा 3 अक्टूबर, 2021 को सरदार धरमसिंह ऑडिटोरियम, अमृतसर में इंडियन अकेडेमी ऑफ़ फ़ाइन आर्ट्स के निमन्त्रण पर किया गया। पहले मंचन में भाग लेने वाले कलाकारों के नाम इस प्रकार हैं–

बुल्लेशाह	वीरेन्द्र सोलंकी
शाह इनायत	जितेन्द्र सोलंकी
शाह मोहम्मद	मोहन सिंह बिष्ट
गुलबदन	ऐनी भारद्वाज
ज़रीना	सिमरन सिंह
आबिद	फैज़ान
गुलनार	तृप्ति प्रकाश मिश्रा
नाहर सिंह	सोनू
गुलनार की सहेलियाँ	चंचल एवं मेघा
नाहर सिंह का साथी	राजेश कुमार
क़ाज़ी	नीरज सिंह
मौलवी	विकास रवि
मुफ़्ती	मानव गुप्ता
पंडित	विकास यादव
शायर	मोहम्मद बिलाल
तालिबे–इल्म	राजेश कुमार

सिपाही	सौरभ एवं विकास नेगी
दरबान	नितिन खोलिया
आसिफ़	नीरज सिंह
बच्चे	सम्राट सिंह, अक्षत सिंह

मंच परे

लेखक	प्रताप सहगल
संगीत	सैंडी सिंह
प्रकाश डिज़ाइनिंग	राघव प्रकाश मिश्रा
वेशभूषा	दालचन्द
वेशभूषा सहायक	सिमरन, विकास, रवि, ऐनी
प्राप्स	सिमरन, मेघा
सैट डिज़ाइन	मानव, विकास, मोहन, बिलाल
सैट सहायक	राजेश, सौरभ, गौरव
मुख सज्जा	हरीश खोलिया
निर्माता	सत्य प्रकाश
सहनिर्देशक	नीरज सिंह
परिकल्पना एवं निर्देशन	अरविन्द सिंह

बुल्लेशाह के मंचन के कुछ दृश्य

पात्र परिचय

बुल्लेशाह	
शाह इनायत	बुल्लेशाह का पीर औ मुर्शिद
शाह मुहम्मद दरवेश	बुल्लेशाह का पिता
गुलबदन	बुल्लेशाह की भाभी
ज़रीना	बुल्लेशाह की बहन
आबिद	शाह इनायत का एक प्रिय शिष्य
गुलनार	एक मशहूर तवायफ़
नाहर सिंह	एक लड़ाकू सिख
क़ाज़ी	
मौलवी	
मुफ़्ती	
पण्डित	
शायर	
तालिबे–इल्म	

दो सिपाही, नाहर सिंह के दो साथी, कुछ युवा और प्रौढ़ आमजन। शायर के दीवाने कुछ नौजवान।

मंच पर प्रकाश फैलते ही नाटक के सभी पात्र एक साथ बुल्लेशाह की काफ़ी गाते और नाचते हुए मंच पर प्रवेश करते हैं।

चीना इंज छंडीदा यार, चीना इंज छंडीदा
वज्जे अल्ला वाली तार।
वज्जे मुर्शिद वाली तार।
वज्जे साईयाँ वाली तार। चीना इंज छंडीदा यार।

एक पात्र : वाह, वाह मज़ा आ गया, पर ए लिखया किन्हें?

दूसरा पात्र : बुल्लेशाह।

तीसरा पात्र : नो, शीला भाटिया।

चौथा पात्र : लोकगीत है यार...लोक से चला और लोक में समाया।

पहला पात्र : पर यह चीना, चीना क्या है?

चौथा पात्र : नहीं पता? चीना मतलब अनाज...सूप में अनाज फटकार खा पी के ले डकार।

तीसरा पात्र : एक कहता है बुल्लेशाह, दूसरा कहता है शीला भाटिया तीसरा कहता है लोक, असलियत कौन बतायेगा? बुल्ला की जाणां मैं कौण? वही बुल्ला है न?

चौथा पात्र : बताया तो है लोक है।

तीसरा पात्र : गुस्सा किसलिए हो रहा है मेरे भाई?

दूसरा पात्र : बुल्लेशाह ही है...यक़ीन न हो तो शायर से पूछ लो।

चौथा पात्र : शायर, इंसाइकिलोपीडिया है क्या?

दूसरा पात्र : हमसे ज़्यादा जानता है।

दूसरा पात्र : गूगल कर लो यार।

तीसरा पात्र : गूगल सबका बाप।

पहला पात्र : मेरी मानो तो शायर के पास चलो। चलो चलते हैं...

चौथा : थिंक ऑफ़ दि डेविल एंड डेविल इज़ हेयर *(शायर का प्रवेश)* आओ जी, पधारो।

शायर : क्या चल रहा है।

तीसरा : बहस छिड़ी है कि चीना इंज छंडीदा यार किसका क़लाम है?

शायर : बुल्लेशाह।

दूसरा : मैंने पहले ही कहा था बुल्लेशाह है, अनपढ़ कहीं के!

सभी : अबे, अबे, तू सर्वज्ञाता है न तो बता बुल्लेशाह कौन था?

दूसरा : नहीं यार सब तो नहीं जानता लेकिन बुल्लेशाह सूफ़ियाना क़लाम लिखने वाला एक पोएट था।

पहला : और?

दूसरा : और नहीं पता, शायर साहब, आप ही कुछ रौशनी डालो।

तीसरा : अपने फ़ोन पर गूगल सर्च में जुटा हुआ है।

शायर : बैठो, सुनो, बुल्लेशाह एक फ़क़ीर था, एक दरवेश, एक सन्त, एक सूफ़ी कवि। चलो शुरू

से सुनाता हूँ *(शायर सुनाने लगता है)* यह बात है जी सत्रहवीं शताब्दी की...

तीसरा : लो जी निकल आया, 1680 में बुल्ला पैदा हुआ सियासत बहावलपुर।

शायर : सियासत नहीं, रियासत, रियासत बहावलपुर, गाँव उच्चगलानियाँ, यही लिखा है न।

तीसरा : हाँ में सिर हिलाता है।

शायर : गूगल बहुत कुछ बताता है, सब कुछ नहीं बताता। दुनिया जहान के बारे में सिर्फ़ 20 प्रतिशत जानकारी है गूगल के पास। हाँ तो मैं बता रहा था बुल्लेशाह का जन्म, तब औरंगज़ेब का राज था और यह समझो कि औरंगज़ेब का राज 1707 तक चला, तब बुल्लेशाह की उम्र रही होगी...?

तीसरा : *(फटाफट हिसाब लगाते हुए)* सत्ताईस साल।

शायर : करैक्ट, फिर गद्दी बहादुर शाह आलम ने सँभाली। उसके बाद कई बादशाहों की बादशाहत बुल्लेशाह ने देखी।

दूसरा : कब तक?

शायर : *(दूसरे से)* गूगल कर लिया।

दूसरा : हाँ, 1757–58 बता रहा है।

शायर : सही, अब आप यह भी समझ लो कि यही वह वक़्त था जब पूरे भारत में भक्ति की लहर चल चुकी थी। राम–भक्ति की लहर कृष्ण–भक्ति की लहर, यह भक्त कवि सगुण भक्ति के पैरोकार थे। इधर ईश्वर को निर्गुण मानने वाले सन्त कवि भी थे। बुल्लेशाह सूफ़ी कवि थे पंजाबी के।

(फ़ेड आउट)

(फ़ेड इन)

बुल्लेशाह : *(युवा अवस्था में गाते हुए प्रवेश करता है)*
कहूँ तुर्क़ मुसलमाँ पढ़ते हो
कहूँ भगत हिन्दू जप करते हो
कहूँ घोर घूँघट में पड़ते हो
कहूँ घर घर लाड़लड़ाइ है
(एक राहगीर का प्रवेश। वह बुल्लेशाह को गाते हुए देखकर थोड़ा चकित सा वहीं ठहरकर सुनने लगता है)

बुल्लेशाह : रब्ब के बन्दे, इधर एक शाह इनायत क़ादिरी रहते हैं उनका पता बता सकते हो?

राहगीर : शाह इनायत, बस खब्बे से सज्जे मुड़ जाओ, वहीं अपने खेतों में मिलेंगे। वह देखो, आम के पेड़ नज़र आ रहे हैं, वहीं *(राहगीर चला जाता है। बुल्लेशाह मंच का एक चक्कर लगाता है।)* *(शाह इनायत अपने खेत में प्याज़ की पनीरी लगाने में व्यस्त है। बुल्ला ख़ामोशी से सब देखता रहता है। उसकी निगाह आमों के पेड़ पर लगे हुए पके आमों की ओर जाती है। हवा का एक तेज़ झोंका आता है और दो–तीन पके हुए आम पेड़ से टूटकर बुल्लेशाह की झोली में गिर जाते हैं। बुल्लेशाह आमों को उठाने लगता है कि शाह इनायत की निगाह उसी ओर जाती है)*

शाह इनायत : कौन?

बुल्लेशाह : मैं।

इनायत : मैं, कौन?

बुल्लेशाह : मैं जी अब्दुला।

इनायत : तूने हमारे आम क्यों गिराये?

बुल्लेशाह : मैंने तो सिर्फ़ देखा था हुज़ूर और आम गिर पड़े।

इनायत : तूने देखा और आम टूटकर तेरी झोली में गिर पड़े, तू अब्दुला है या हवा का बुल्ला!

बुल्लेशाह : जो भी समझो हुज़ूर।

इनायत : कहाँ से आया है?

बुल्लेशाह : कसूर से।

इनायत : क्या चाहता है?

बुल्लेशाह : रब्ब को पाना चाहता हूँ।

इनायत : रब्ब को पाना चाहता है, पा ले।

बुल्लेशाह : आप जी मेरा हाथ पकड़ लो तो रब्ब वी मिल जायेगा।

इनायत : एक तो मेरे आम तोड़ लिए, ऊपर से कहता है रब्ब से मिला दो।

बुल्लेशाह : आम हवा के बुल्ले से टूटे हैं हुज़ूर।

इनायत : चोर भी और चतुर भी।

बुल्लेशाह : नहीं मेरे पीर औ मुर्शिद।

इनायत : अरे, मान न मान, मैं तेरा मेहमान, तू मुझसे क्या चाहता है?

बुल्लेशाह : बताया ना, रब्ब को पाना चाहता हूँ।
(अब इनायत शाह उसे ग़ौर से देखता है और एक लम्बी हूँ भरता है)

इनायत : *(प्याज़ की पनीरी को इधर से उधर करते हुए)* तब मेरी बात ध्यान से सुन कि तू आज से अब्दुला नहीं, हवा दा बुल्ला है। बुल्ला है तो फेर कित्थे वी जा सकदां हैं।

बुल्लेशाह : कैसे मेरे मुर्शिद? रब्ब भी पा सकता हूँ।

इनायत : *(प्याज़ की पनीरी को फिर इधर से उधर करते हुए)*
बुल्लया!
रब्ब दा की पौणा, एदरों पुटणाँ ते ओदर लाउणाँ

बुल्लेशाह : इतना आसान।

इनायत : समझो ते आसान, नहीं ते नामुमकिन। अपने बारे में कुछ और बता।

बुल्लेशाह : क्या बताऊँ, बस दो–चार किताबें पढ़ी हैं। मैंने मौलवी ग़ुलाम महअलदीन से तालीम हासिल की है।

इनायत : समझ गया बुल्लया, इल्मे–सफ़ीना तूने हासिल कर लिया है लेकिन असली मंज़िल तो इल्मे–सीना है।

बुल्लेशाह : वहीं तक आपने पहुँचाना है मेरे मुर्शिद।

इनायत : पहुँचता इन्सान ख़ुद ही है, *(शाम ढल रही है। शाह इनायत डिबरी जलाने लगता है)* बस हम एक दिया रौशन कर देते हैं। घर में कौन–कौन है?

बुल्लेशाह : भाई, भरजाई, बहन, भाई, अम्मा–अब्बा सब हैं लेकिन सबसे ऊपर आप।

इनायत : यह राह बड़ी मुश्किल है। आत्म–संयम, वैराग्य और सबसे ऊपर इश्क़। यह सफ़र इश्क़ मज़ाजी से इश्क़ हक़ीक़ी का सफ़र है। यह सफ़र बड़ा मुश्किल है। घर जा, सब हैं तेरे घर। काँटों भरी राह क्यूँ पकड़ना चाहता है। जा, लौट जा कसूर।

बुल्लेशाह : यह नहीं हो सकता। आप ही मेरे पीर, आप ही मेरे मुर्शिद...यह मैंने दिल में धार लिया है।

इनायत : अच्छा, चल शामिल हो जा, तू भी मेरे साथ डूब उस रंग में, जहाँ न कोई ज़ात, न औक़ात। तेरा सफ़र शुरू। बैठ, सुन, इस सफ़र में सबसे पहले इन्सान को अपनी हौंद को ख़त्म करना पड़ता है। आदमी की मैं और टैं ही रब्ब से मिलने की सबसे बड़ी रुकावट हैं।
कभी इश्क़ किया है तूने?

बुल्लेशाह : इश्क़ है रब्ब से...

इनायत : छलाँगा ना मार, छलाँगा ना मार, इश्क़, मेरा मतलब इश्क़ मज़ाजी।

बुल्लेशाह : न में सिर हिलाता है।

इनायत : तब तुझे क्या पता क्या होता है इश्क़। इश्क़ का एक मक़ाम वो आता है, जहाँ माशूक़ की फ़िराक़ में आशिक़ की मैं ख़त्म हो जाती है। वो एक–दूसरे से अलग नहीं होते। आशिक़ की हौंद ख़त्म हो जाती है। कर सकेगा यह?

बुल्लेशाह : आप ही राह दिखाओगे मेरे मुर्शिद।

इनायत : सबसे पहला सबक़ है यह इश्क़ का, अना को ख़त्म करो। इश्क़ की ज़ात सबसे ऊपर, उसी में डूबो और फिर एक वक़्त ऐसा आयेगा, जब आशिक़ की अना अपने आप ख़त्म हो जायेगी। रह जायेगी सिर्फ़ माशूक़ की ज़ात। कहियत भिन्न न भिन्न। अब जा आराम कर और दुनिया का सामना करने के लिए तैयार हो जा।
(नेपथ्य से चीना इंज छंडीदा यार की एक लाइन गूँजती है। यह लाइन पूरे नाटक में कई बार सुनाई देती है।)

बुल्लेशाह : *(गाते हुए निकल जाता है। इनायत शाह उसे देखता रहता है)*

बुल्लेशाह दी सुनो हकैत
हादी पकड़िया होग हदैत
मेरा मुर्शिद शाह इनायत
उह लँघाये पार।
इश्क़ दी नवियों नवी बहार।

(फ़ेड आउट)

(फ़ेड इन)

शायर : यह शुरुआत है, अब्दुला हो गया बुल्ला। भूल गया, वो कहाँ से आया, बस लगी थी एक ही लौ, रब्ब को पाना है।

एक : यह मुर्शिद क्या है?

शायर : मुर्शिद यानी गुरु...

दूसरा : गुरु–गोविन्द दोऊ खड़े, काके लागे पाए
बलिहारी गुरु आपणे, जिन गोविन्द दियो मिलाए।

शायर : हाँ, कबीर का रास्ता अलग था, ज्ञान का रास्ता ...बुल्ले ने चुना इश्क़ का रास्ता। अब बुल्ले के लिए उसका मुर्शिद ही सब कुछ है और वह मस्त होकर गाता फिरता।

(शायर और अन्य लोग अँधेरे में डूब जाते हैं। मंच पर बुल्ला आलोकित होता है। वह मस्त होकर गा रहा है।)

इश्क़ दी नवियों नवीं बहार।
जाँ मैं सबक़ इश्क़ दा पढ़या,
मसजद कोलों जीउड़ा डरया
डेरे जा ठाकर दे वड़या,

जित्थे वजदे नाद हज़ार।
वेद कुरानां पढ़ पढ़ थक्के,
सजदे करदयां घस गये मत्थे
न रब्ब तीरथ, न रब्ब मक्के,
जिस पाया तिस नूर अनवार
इश्क़ दी...
उमर गवाई विच मसीती,
अन्दर भरया नाल पलीती
कदे नमाज़ तौहीद न कीती,
हुण की करना एं शोर पुकार
इश्क़ दी नवियों नवीं बहार।
(बुल्लेशाह इनायत के हुजरे पर)

फ़ेड आउट

फ़ेड इन

(बुल्ले के घर वालों का प्रवेश। बुल्ला उन्हें देखकर हतप्रभ है)

गुलबदन : हमने सारा जहान छान मारा और तू यहाँ बैठा है।

बुल्ला : हाँ, अब यही मेरा घर, यही मेरा बाहर, यही मेरा संसार।

गुल : पागल हो गया है क्या? यहाँ तेरा कौन है?

बुल्ला : यहाँ मेरा मुर्शिद है, वही मुझे रब्ब से मिलायेगा।

गुल : अब्बा हुज़ूर फ़रमाते हैं, रब्ब न हाट बिकाये। रब्ब मिलता है मक्के में और रास्ता है मस्जिद, पाँचों वक़्त की नमाज़।

बुल्ला : यह तो हुई शरीअत। मुर्शिद की बाँह पकड़ी है, तरीक़त भी आ जायेगी, मुझे मारफ़त के रास्ते हक़ीक़त तक पहुँचना है।

गुल : मारफत, मतलब भी जानता है मारफ़त का या बस सुना ही सुना है।

बुल्ला : भरजाई, धीरे–धीरे सब समझ आ रहा है।

गुल : तू घर चल, देख तेरी भैण वी नाल ए, चल।

बुल्लेशाह : ज़रीना...किसलिए आयी है?

ज़रीना : घर चल भाई, अब्बा, अम्मा सब फ़िक्रमन्द हैं।

बुल्ला : न ज़रीना, अब मुर्शिद ही मेरा इश्क़।

ज़रीना : इश्क़ की राह में दर्द है, तकलीफ़ें हैं, त्याग है।

बुल्ला : जिस न दर्द दी बात कही, उस प्रेम नगर न झात पई।

ज़रीना : ए है कौण, जो तैनूँ ए सब पढ़ा रहा है।

बुल्ला : मेरा मुर्शिद।

गुल : मुर्शिद, मुर्शिद, कौण है तेरा मुर्शिद?

बुल्ला : शाह इनायत।

गुल : शाह इनायत! वो अराई...तौबा, क्या कर रहा है तू? वो तेरा मुर्शिद होने के क़ाबिल नहीं। अब्बा हुज़ूर को पता चलेगा, अरे हम तो कहीं मुँह दिखाने लायक नहीं रहेंगे।

बुल्ला : अब्बा क्या जानें, इश्क़ क्या होता है?

गुल : नहीं जानते मान लेती हूँ, पर कहाँ हम सैयद और कहाँ शाह इनायत? एक माली! ज़ात का तो ध्यान कर।

बुल्ला : ज़ात, मज़हब, एह इश्क़ न पुछदा, इश्क़ शरआ दा वैरी।
नदियों पार मुलक सज्जन दा, लोभ लहर ने घेरी।

ज़रीना : भाईजान, तैनूं पता है अब्बा पाण्डोके दी मस्जिद दे मौलवी ने।

बुल्ला : पता है।

ज़रीना : भाईजान, लोग क्या कहेंगे?

बुल्ला : मेरी प्यारी अमशीरा, आप भी छोड़ो ज़ात–मज़हब के झगड़े और रब्ब से लौ लगा लो।

गुल : लो अब अपनी बहन को भी भड़काने लगा, हद कर दी तूने। चलता है कि अब उठाऊँ छित्तर?

बुल्ला : भाभी जान, आप भी न, मार लो छित्तर, खा लूँगा। अब्बा हुज़ूर को भी आप ही समझाओ।

गुल : घर चलो, अब्बा के साथ–साथ पाण्डोके की मस्जिद आपने ही सँभालनी है। इसे अब्बा हुज़ूर का हुक्म समझो।

बुल्ला : नामुमकिन।

गुल : यह रास्ता काँटों भरा है।

बुल्ला : मेरा मुर्शिद लगावेगा मैनूं पार, इश्क़ दी नवियों नवीं बहार।

गुल : तब ठीक है, आज के बाद हमसे तुम्हारे सारे रिश्ते ख़त्म। तुझे न अपनी परवाह है और ना अपने ख़ानदान की...सैयदों की शान तूने एक अराई के लिए मिट्टी में मिला दी। चलो।

बुल्ला : नहीं, भाभी जान। ज़रीना, तेरा मन भी तो ध्यान–ज्ञान में टिकता है न, तू ही समझा न?

ज़रीना : अब्बा, अम्मा बड़े परेशान हैं, देख नहीं पायी और चली आयी कि मैं अपने वीरे को लेकर ही आऊँगी।

बुल्ला : कर कत्तण वल ध्यान कुड़े।
चरखा बणया खातर तेरी,
खेडण दी हिरस थुरेड़ी।
होना नहियों होर वडेरी,

मत कर कोई अज्ञान कुड़े।
जाओ, बस मैनूँ मेरी राह ते छोड़ दयो
(दोनों निराश सी चली जाती हैं। बुल्ला गाने लगता है)
बुल्ले नूं समझावण आइयाँ, भैणा ते भरजाइयाँ
मन लै बुल्लया कहणा साडा, छड्ड दे पल्ला राइयाँ
आल नबी औलाद अली नूं, तूं क्यों लीकां पाइयाँ
जे तू लोड़ें बाग़ बहाराँ, चाकर हो जा राइयाँ
बुल्लेशाह दी ज़ात की पुछदे, शाकर हो रज़ाइआँ।

(फ़ेड आउट)

(फ़ेड इन)

(बुल्ले का घर)
(शाह मोहम्मद दरवेश कुछ पढ़ने में व्यस्त है। बुल्ले का प्रवेश)

शाह : आइए, बरखुरदार, कैसे आना हुआ?

बुल्लेशाह : मेरे मुर्शिद ने फ़रमाया कि एक बार मैं कसूर जाकर अपने परिवार से मिल आऊँ।

शाह : वो अराई, तेरा मुर्शिद। तू बड़ा भोला है अब्दुल। यह वही शाह इनायत है, जिसे कसूर से निकाल दिया गया था। उसने लाहौर जाकर अपना हुजरा बना लिया। हक़ीक़त यह है कि वह फिर कसूर आकर कुफ़्र घोलना चाहता है।

बुल्लेशाह : नहीं अब्बा, वह तो सुच्चा साईं है, ना काहू से दोस्ती, ना काहू से वैर...वह रब्ब से इश्क़ करता है। इश्क़ ही उसकी ज़ात है, उसे क्या फ़र्क़ पड़ता है लाहौर में रहे या कसूर में।

शाह : अच्छा, बड़ी वकालत कर रहा है उसकी...तेरी ज़ात ऊँची है अब्दुल, तेरे सामने वह क्या है! एक अराई एक सैयद का मुर्शिद कैसे हो सकता है। वह तो इस्लाम का दुश्मन है।

बुल्लेशाह : इस्लाम की तालीम तो आपने मुझे ख़ूब दी अब्बा हुज़ूर लेकिन इन्सानियत का पाठ पढ़ाना भूल गये, असल पाठ तो इन्सानियत का पाठ और उस तक पहुँचने की राह सिर्फ़ और सिर्फ़ इश्क़ है।

शाह : इश्क़! मुझे सबक़ पढ़ायेगा तू इश्क़ का। उस नीच ज़ात ने तेरा दिमाग़ ख़राब कर दिया...। मुझे देख, मैं मौलवी हूँ पाण्डोके की मस्जिद का ...मेरे बाद तूने ही यह सब सँभालना है...आम मुसलमान को इस्लाम के सही मायने समझाने हैं।

बुल्लेशाह : सही राह तो मुझे बादशाह अकबर की दिखी थी, जिसने ग़ैर मुसलमानों पर लगा हुआ जज़िया हटा दिया था। आप तो औरंगज़ेब की ज़बान में इस्लाम पढ़ाते हो।

शाह : *(गुस्से में)* अब्दुल बहुत हुआ...औरंगज़ेब के बारे में एक भी ग़लत लफ़्ज़ और बोला तो मुझसे बुरा कोई न होगा। तुम्हें जज़िया दिखाई देता है और हम सब मुसलमान जो ज़क़ात देते हैं, वो दिखाई नहीं देती।

बुल्लेशाह : आपको अपनी राह मुबारक हो, मेरी राह अलग है।

शाह : रुक जा अब्दुल, रुक जा। अपने अब्बू को ऐसे रुसवा न कर।

बुल्लेशाह : मौलवी की जगह एक बाप बोलने लगा...लेकिन मेरे लिए सब रिश्ते...

(तभी ज़रीना का प्रवेश)

शाह : ज़रीना, तू ही इसे समझा...यह उस राह न जाये ...उस राह में काँटे ही काँटे हैं और फिर वह अराई...इसे न अपनी फ़िक्र है, न हमारी और न अपने ख़ानदान की इज़्ज़त की।

ज़रीना : गुल भाभी और मैं तो लाहौर भी गये थे अब्बा, बहुत समझाया लेकिन भाईजान के सिर पर मुर्शिद का भूत सवार है।

बुल्लेशाह : भूत नहीं ज़रीना, हक़ीक़त...

शाह : तो एक बार कान खोलकर सुन ले, अगर अब तू लाहौर उसके पास गया तो हम सब तेरे लिए ख़त्म।

(नेपथ्य से—चीना इंज छंडीदा यार, चीना इंज छंडीदा)

बुल्लेशाह : प्रेम नगर दे उलटे चाले, ख़ूनी नैण होए ख़ुशहाले आपे आप फसे विच जाले, फस फस आप कुहायो रे।

(गाते हुए निकल जाता है)

(फ़ेड आउट)

(फ़ेड इन)

(इनायत शाह का हुजरा)

आबिद : चाचा जी, कसूर जाके बुल्ले ने हद ही कर दी।

इनायत : क्या हुआ अब, भिड़ गया होगा किसी क़ाज़ी या मौलवी से!

आबिद : इतनी—सी बात होती तो निभ जाती, उसने तो

एक मुफ़्ती की टोपी ही उछाल दी और फिर खुसरों के साथ नाचने लगा। उसने तो मेरी, मेरी क्या, आप जी की भी बेइज़्ज़ती की है।

इनायत : वो कैसे?

आबिद : मैं आपके कहने से ही कसूर गया था न उससे मिलने कि भाई बहुत दिन हो गये, आपके मुर्शिद आपको याद फरमा रहे हैं।

इनायत : हाँ, फिर हुआ क्या?

आबिद : मैंने उसे सन्देसा भेजा, मिलने आया ही नहीं, थोड़ी देर बाद पता चला कि किसी मौलवी की बेटी की शादी में मौजाँ मना रहा है। उसे इतनी भी शर्म न आयी कि उसका पीर भाई उसके इन्तज़ार में है। यह तो आपकी भी तौहीन हुई न।

इनायत : नहीं, बुल्ला ऐसा नहीं कर सकता।

आबिद : क़सम ख़ुदा की जो मैंने झूट बोला हो।

इनायत : अभी तो उसका सफ़र शुरू हुआ है आबिद, अभी तो वह मारफ़त तक पहुँचा ही नहीं, तब यह हाल ...नहीं, मेरा दिल गवाही नहीं देता।

आबिद : और तो और वह अपने आप को अब बुल्लेशाह कहलवाने लगा है। कुछ लोग उसके पिछलग्गू बने उसके साथ घूमते फिरते हैं...आपका तो नाम भी ख़राब हुआ न।

इनायत : वो तुझे एक बार भी नहीं मिला?

आबिद : ना जी, बताया न मौलवी ग़ुलाम दीन कसूरी के साथ ही लगा रहा...यक़ीन नहीं *(बुल्ले का प्रवेश)* लो जी, बुल्ला आ गया, आप ही पुच्छ–गिच्छ कर लो।

(इनायत बुल्ले को देखता है। बुल्ला सलाम करता है लेकिन इनायत तसलीम करने के बजाय उठकर जाने लगता है)

बुल्ला : मेरे मुर्शिद, मेरे पीर, क्या ख़ता हुई है मुझसे? *(इनायत आबिद की तरफ़ देखता है और अन्दर चला जाता है)*

आबिद : तुझे नहीं पता, क्या ख़ता हुई तुझसे?

बुल्ला : मैं तेरा पूरा ख़याल नहीं रख सका, ग़लती हो गयी मुझसे, एक बार मिलने दो मुझे अपने मुर्शिद से। *(अन्दर जाने लगता है)*

आबिद : अन्दर नहीं, बाहर...वो अब तुमसे नहीं मिलना चाहते...जा और ढूँढ रब्ब, उन मौलवियों और क़ाज़ियों के पास।

बुल्ला : कसूर से बाहर हुआ और अब लाहौर से भी, मुर्शिद के दिल से भी बाहर...क्या करूँगा अब ज़िन्दा रहकर। इस जीने से तो मरना अच्छा।

आबिद : मरना ही ठीक रहेगा तेरे लिए...

बुल्ला : क्या कह रहे भाई, मेरे मरने से तुम्हें ख़ुशी होगी?

आबिद : हो भी सकती है।

बुल्ला : दुश्मन मरे ख़ुशी न करिए, सजना वी मर जाणा ए।

आबिद : *(बात बदलकर)* सुन मेरे भाई सुन, ग़लती तो तेरे से हुई है और यह पीर अब मानने वाले भी नहीं, चला जा और वरना और ख़राबी हो जायेगी।

(तभी एक और तालिबे–इल्म का प्रवेश)

तालिबेइल्म : गया नहीं अभी।

बुल्ला : तू ही कोशिश कर मेरे भाई

तालिबेइल्म : मैं उन्हें जानता हूँ, वो एक बार किसी से ख़फ़ा हो जायें तो फिर मानने वाले नहीं।

बुल्ला : कोई तो रास्ता होगा।

तालिबेइल्म : *(आबिद की ओर देखता है, आबिद उपेक्षा भाव से सिर हिलाकर अन्दर चला जाता है)*

बुल्ला : अब बता, वो गया।

तालिबेइल्म : हमारे मुर्शिद को नाच–गाना पसन्द है। अगर तू उन्हें नाच–गाकर अपना हुनर दिखाये तो वे ख़ुश हो सकते हैं।

बुल्ला : गा सकता हूँ पर नाचना?...नहीं जानता।

तालिबेइल्म : सुना है खुसरों के साथ नाचता फिरता रहा पूरे कसूर में। मशहूर हो गया तू...और सुन यह जो है न *(कान के पास आकर)* आबिद, मुर्शिद का भतीजा, इसकी बहुत मानते हैं, तेरी चलने वाली नहीं।

बुल्ला : लेकिन नाचना, कहाँ जाऊँ, किससे सीखूँ?

तालिबेइल्म : मेरी मान, कसूर चला जा, वहाँ है एक मशहूर तवायफ़ गुलनार बेगम। सुना है बहुत अच्छा गाती और नाचती है...इससे पहले तू एक बार ग्वालियर भी हो ले।

बुल्ला : ग्वालियर?

तालिबेइल्म : हाँ, वहाँ मुर्शिदों के मुर्शिद शाह मुहम्मद गोप की मज़ार है। लगे हाथ तानसेन की मज़ार पर भी दुआ कर लेना।

बुल्ला : गुलना़र बेगम, यही राह है तो यही राह मंज़ूर है, मुर्शिद के बिना मैं रह नहीं सकता। *(बुल्ला गाते–गाते दृश्य से बाहर हो जाता है)*

कदी आ मिल यार प्यारया,

तेरियाँ वाटाँ तों सिर वारया।
चढ़ बागी कोयल कूकदी,
नित सोज़ अलम दे फूकदी
मैनूँ ततड़ी को शाम विसारया,
कदी आ मिल यार प्यारया।
बुल्ला शाह कदी घर आवसी,
मेरी बलदी भा बुझावसी।
ओहदी वाटाँ से सिर वारया,
कदी आ मिल यार प्यारया।
तेरियाँ वाटाँ तो सिर वारया, कदी आ मिल यार प्यारया।

(फ़ेड आउट)

(फ़ेड इन)

शायर : लो जी, बुल्लेशाह ने ग्वालियर की राह पकड़ी और मैं रुटड़ा यार मनावाँगी गाते–गाते ग्वालियर में शाह मुहम्मद गोप के मज़ार पर हाज़िर हो गया। उसने वहाँ अपनी अर्ज़ी लगायी, अरदास की और माफ़ी माँगी। शाह गोप शाह इनायत के पीरों के पीर थे। अब उन्हीं का आसरा था। तानसेन के मज़ार पर भी हाज़िरी दी और नाच–गाने का इल्म हासिल करने की मिन्नत की। बुल्लेशाह में हिम्मत आयी और वह कसूर में गुलनार बेगम के कोठे के दरवाज़े पर जा पहुँचा।

(फ़ेड आउट)

(फ़ेड इन)

(गुलनार बेगम का कोठा आलोकित होता है। गुलनार बेगम अपनी दो सहेलियों के साथ गुफ़्तगू कर रही है)

गुलनार : सुन, सुन ते सही *(तान लेती है और गाने लगती है।)* बुल्लेशाह दरवाज़े पर खड़ा–खड़ा सुनता रहता है।

आ मिल यार सार लै, मेरी जान दुखां ने घेरी।
अन्दर ख़्वाब विछोड़ा होया, ख़बर न पैंदी तेरी।
ज़ात मज़हब एह इश्क़ न पुछदा, इश्क़ शरआ दा वैरी।
नदियों पार मुलक सज्जन दा, लोभ लहर ने घेरी।
सतगुर बेड़ी फड़ी खलोते, तैं क्यों लायी देरी।
बुल्लेशाह शौह तैनूं मिलसी, दिन नूं देह दलेरी।

(अचानक गुलनार की निगाह बुल्लेशाह पर पड़ती है और वह ख़ामोश हो जाती है।)

सहेली एक : ऐसे छिप–छिप कर सुनना गुस्ताख़ी है।

बुल्ला : गुस्ताख़ी मुआफ़ हो, रुक क्यों गये गुलनार बेगम...कितना रुहानी गाते हो। शहद सा घुलता है कानों में।

गुलनार...बुल्लेशाह का क़लाम है ही ऐसा, जी ...आप?

बुल्ला : इजाज़त हो तो अन्दर आ जाऊँ।

गुलनार : यह तवायफ़ का कोठा है हुज़ूर...जिसे मौसिकी और नाचना पसन्द है, वही यहाँ आता है...आपको बहुत दिनों बाद देखा हुज़ूर...आइए, तशरीफ़ रखिए।

सहेली दो : यह तो कोई फ़क़ीर है गुलनार...इसका कोठे पर क्या काम?

बुल्ला : *(वह किसी की बात पर ध्यान नहीं देता)* मैं तो पहली बार ही मिल रहा हूँ आपसे।

गुलनार : मुआफ़ी चाहती हूँ, हमारी तहज़ीब हमें यही सिखाती है।

बुल्ला : बुल्लेशाह से कभी मिली हैं आप?

गुलनार : काश, कभी उनके दीदार होते, सुना है आजकल लाहौर में हैं।

बुल्ला : जी, था तो वहीं, आज मैं मथुरा होता हुआ ग्वालियर से आ रहा हूँ।

गुलनार : यानी आप...

बुल्ला : जी मैं ही हूँ बुल्ला, दो दिन से कोशिश कर रहा हूँ आपसे मिलने की। आपके दरबान ने मुझ फ़क़ीर को अन्दर आने ही नहीं दिया। छुप–छुपकर आपको सुनता और लौट जाता। आज मौक़ा मिला है आपसे मिलने का।

गुलनार : ज़हे नसीब।

(दोनों सहेलियाँ भी हैरान होती हैं और जल्दी से उसे एक मसनद पेश करती हैं)

गुलनार : आइए, तशरीफ़ रखें...आपके दीदार के लिए मैं कब से बेकरार थी।

बुल्ला : आपने गाना बीच में ही बन्द कर दिया था, पूरा कीजिए।

गुलनार : *(व्यवस्थित होते हुए)*

प्रीतम पास ते टोलना किसनूं, भुलयों सिखर दुपहरी।
आ मिल यार सार लै, मेरी जान दुक्खां ने घेरी।

(ज़ोर–ज़ोर से आवाज़ें सुनायी देती हैं)

दरबान : जनाब, अभी आप अन्दर नहीं जा सकते...।

आसिफ़ : क्यों नहीं जा सकते? तवायफ़ का कोठा है तेरे खाला का घर नहीं।

दरबान : कहा न, अभी नहीं जा सकते हैं। वे अभी मसरूफ़ हैं।

आसिफ़ : मसरूफ़ हैं, किसके साथ, अरे मेरा यही वक़्त है आने का, रोज़ आता हूँ, हटो।

दरबान : नहीं, कल आइएगा।

आसिफ़ : *(ज़ोर से)* गुलनार, ओ गुलनार, यह कौन कमबख़्त रोक रहा है मुझे?

(गुलनार मंच से ही पूछती है)

गुलनार : कौन है?

बुल्ला : मैं चलता हूँ, कल आ जाऊँगा।

गुलनार : नहीं, आप तशरीफ़ रखें...देखती हूँ।

(तभी दरबान को धकियाते हुए आसिफ़ का प्रवेश। दरबान गिर जाता है, उठ खड़ा होता है)

आसिफ़ : यह क्या हो रहा है गुलनार, यह वक़्त मेरे लिए है, सिर्फ़ मेरे लिए।

गुलनार : आसिफ़, दरबान ने आपको अन्दर आने से मना किया, मना किया न?

आसिफ़ : तो? अच्छा, नया आशिक़ *(आँख मारते हुए)* कौन है?

गुलनार : तुम्हारे सड़े हुए दिमाग़ को नहीं समझ आयेगी कोई बात, अभी जाओ यहाँ से।

आसिफ़ : गाना, वो गा रही थी न, आ मिल यार सार लै...इसीलिए तो आया हूँ *(हिचकी)* सार लेने *(हिचकी)* गाओ न, यह भी सुनें, हम भी सुनें, क्यों, आशिक़–आशिक़ भाई–भाई। ठीक कहा न *(ख़ुद ही हँसने लगता है)*

गुलनार : जानते भी हो, तुम किसके सामने खड़े हो?

आसिफ़ : गुलनार, गुलनार के सामने।

गुलनार : वो जो क़लाम रोज़ सुनते हो।

आसिफ़ : ब...बुल्लेशाह का।

गुलनार : वही बुल्लेशाह हैं यह।

आसिफ़ : यह फ़क़ीर, बुल्लेशाह, बुल्लेशाह...तुम सचमुच बुल्लेशाह हो?

(बुल्लेशाह ख़ामोश रहता है)

गुलनार : अब जाओगे या दारोगा बुलाऊँ।

आसिफ़ : बुल्लेशाह, अच्छा सुनो गुलनार से अपना कलाम, कल मुझे सुनाना *(कहते हुए चला जाता है। गुलनार परेशान है और बुल्लेशाह असमंजस में कि वह बैठे या जाये)*

बुल्लेशाह : मैं भी चलूँ...मन बिगड़ गया होगा न!

गुलनार : *(व्यवस्थित होते हुए)* आप तशरीफ़ रखें, ऐसे नामुराद तो आते ही रहते हैं मुझ बदक़िस्मत के पास...आप कुछ कह रहे थे ना, मुर्शिद की बात।

बुल्ला : (व्यवस्थित होता है) हाँ, मेरा मुर्शिद ते मेरा पीर मुझसे ख़फ़ा है गुलनार बेगम, उन्हें मनाना चाहता हूँ, आपसे मदद की दरकार है।

गुलनार : मैं नाचीज़ ते आप बुल्लेशाह...धनभाग जो आपके किसी काम आ सकूँ।

सहेलियाँ : अच्छा बी, हम रुख़्सत लेती हैं। ख़ुदा हाफ़िज़।

गुलनार : ख़ुदा हाफ़िज़। *(दोनों चली जाती हैं) (पाज़)* हैरान हूँ कि मुझ कर्मजली के कोठे पर एक आला शायर, पशेमान भी हूँ कि आपको पहचान न सकी। नफ़ीस, शरबत लाओ...

बुल्ला : तकल्लुफ़ न करें...यहाँ आने का एक सबब है गुलनार।

गुलनार : फ़रमाएँ, ज़हे–नसीब जो आपके किसी काम आ सकूँ।

बुल्ला : मेरा मुर्शिद मुझसे ख़फ़ा है, उसे मनाने का एक ही तरीक़ा है कि मैं उन्हें गाकर और नाचकर रिझाऊँ...थोड़ा बहुत गा लेता हूँ लेकिन नाचना ...तौबा मेरी...आप मुझे नाचना सिखा दो।

गुलनार : नाचना गाना आपके मुर्शिद को ख़ुश कर सकेगा?

बुल्ला : ज़रूर कर सकेगा गुलनार बी, मैं ग्वालियर से मथुरा होते हुए आया हूँ, मथुरा में कुछ दिन रुका, कृष्ण का मन्दिर देखा, मथुरा में कृष्ण जन्मे थे। कुछ दिन ब्रज घूमता रहा। यमुना के किनारे कदम्ब का पेड़ बड़ा ख़ूबसूरत लगा। एक दिन देखा कि कृष्ण के भक्त गोपियों का रूप धरे रास कर रहे थे। बड़ा दिलकश रास। मैं भी मस्त होकर उनमें घुलमिल गया। सोचा इसी बहाने मैं भी रास करना सीख जाऊँगा। कुछ सीखा भी, लेकिन असली फ़न तो आपके पास है। सूरदास का नाम सुना है आपने? *(गुलनार ना में सिर हिलाती है)* मैंने भी नहीं सुना था लेकिन सूरदास के पद गा–गाकर वे सब अपने कृष्ण को रिझा रहे थे। जब कृष्ण अपने भक्तों के नाच–गाने से रीझ सकता है तो मेरा मुर्शिद मुझसे क्यों नहीं?

गुलनार : कृष्ण, हिन्दुओं का भगवान!

बुल्ला : हाँ, क्या तुरक, क्या हिन्दू...मकसद तो रब्ब को पाना ही है न। मैं इतना डूब गया, इतना डूब

गया कि ख़ुद को लिखने से रोक नहीं पाया। सुनाता हूँ।

गुलनार : *(हैरान सी)* इरशाद।

बुल्ला : पत्तियाँ लिक्खाँ मैं शाम नूँ, मैनूँ पिया नज़र न आवे
आँगन बणा डरौणा, कित बिधि रैण विहावे।
पाँधे पंडत जगत के, मैं पूछ रही आँ सारे।
पोथी, बेद क्या दोस है, जो उलटे भाग हमारे।
भज्ज सकाँ ते भज्ज जावाँ, सब तज के करां फ़क़ीरी।
पर दुलड़ी, तुलड़ी, चौलड़ी, है गल विच प्रेम ज़ंजीरी।
प्रेम नगर चल वसिए, जित्थे वस्से कंत हमारा।
बुल्लया शौह तो मँगनी हाँ, जे दए नज़ारा।

गुलनार : वाह, आपकी आवाज़ में कितना सोज़ है, दर्द का जाम जैसे छलक–छलक जाता है।

बुल्ला : प्रेम कहो, इश्क़ कहो, बात तो एक ही है। फिर गाने लगता है–
मुरली बाज उठी अणघातां, सुण के भुल्ल गइयां सब बातां।
बूहे आण खलोता यार, बाबल पुज्ज पेआ तक़रार।
कलमे नाल जे रहे विहार, नबी मुहम्मद भरे सफ़ातां।
बुल्लेशाह मैं हुण बरलाई, जद दी मुरली काहन बजाई।
बावरी हो तुसां वल धाई, खोजीआं कित वल दसत बरातां।
है न यह दिलकश

गुलनार : अपने मुर्शिद नूँ यह सुनाओगे।

बुल्ला : जो आप सिखाओगे।

गुलनार : मैं नाचीज़ आपको क्या सिखा सकती हूँ, बस, आपके कुछ काम आ सकूँ, धन्य हो जाऊँ...गाना, नाचना दोनों दिल से होते हैं, मेरी अम्मीजान नाचती थीं, मैं भी सीख गयी...बात यार मनाने की है, आपके साथ मैं चलती हूँ।

बुल्ला : नहीं गुलनार बी, यह तो मुझे ही करना है...आप बस मुझे अपना शागिर्द बना लो।

गुलनार : तौबा, तौबा, बात इश्क़ की है, यह आपकी मुरीद किसी भी काम आ सकती है। मन में डर है कि आपको मैं सिखा पाऊँगी? कहाँ आप और कहाँ मैं!

बुल्ला : मैं सिर्फ़ आपका शागिर्द।

गुलनार : *(कुछ सोचते हुए)* चलिए आज और अभी से बिस्मिल्लाह करते हैं।

(गुलनार उसे नाचने के कुछ गुर बताती है। कुछ स्टैप भी सिखाती है। बुल्लेशाह कंजरी वाले कपड़े पहन लेता है और अपनी ही एक काफ़ी गा–गाकर नाचता है।)

इक टूण अचम्भा गावांगी, मैं रुठड़ा यार मनावांगी
एह टूणा मैं पढ़–पढ़ फूकाँ, सूरज अगन जलावांगी
अक्खी काजल, काले बादल, भवां से आँधी लयावांगी
सत्त समुन्दर दिल दे अन्दर, दिल से लहर उठावांगी
बिजली होकर चमक डरावां, बादल हो गिर जावांगी

इश्क़ अँगीठी हरमल तारे, चाँद से कफ़न बनावांगी
ला मकान दी पटड़ी उत्ते, बह के नाद बजावांगी
लाए सू आन मैं शौह गल आपणे, तद मैं नार कहावांगी
इक टूणा अचम्भा गावांगी।

इस काफ़ी का कुछ हिस्सा गुलनार के कोठे पर चलता है। बुल्ला नाचते–गाते इनायत शाह के हुजरे पर पहुँच जाता है और टेक बदल जाती है। उसके सामने नाचता है, गाता है। शाह इनायत देखकर भी अनदेखा कर देता है। *(आबिद का प्रवेश)* बुल्ला नाचता–गाता रहता है।

तेरे इ़श्क़ नचाइयाँ कर थइया थइया।
तेरे इश्क़ ने डेरा मेरे अन्दर कीता।
भर के ज़हर प्याला मैं तां आपे पीता।
झबदे बहुड़ी वे तबीबा नहीं ते मैं मर गइआं।
तेरे इश्क़ नचाइयां कर थइया थइया।
बुल्ला शौह ने आंदा मैनूं इनाइत दे बूहे।
जिस ने मैनूं पवाए चोले सावे ते सूहे।
जां मैं मारी है अड्डी मिला पया है वहीआ।
तेरे इश्क़ नचाइयां कर थइया थइया।
(थोड़ा रुकता है)

आबिद : ओए बुल्लया, तू फिर आ गया।

बुल्ला : मैं रुठड़ा यार मनाणा है।

आबिद : ओए तू इस तराँ कंजरी बणके मना लवेंगा...तेरा कुसूर बड़ा भारी है।

बुल्ला : एक बार मिलने तो दे।

आबिद : वो तुझे देखकर भी अन्दर चले गये न। समझ जा।

बुल्ला : हो सकता है उन्होंने मुझे इस रूप में पहचाना न हो।

आबिद : कंजरी बणके आया है, तुझे अपनी भी इज़्ज़त का कुछ ख़याल है कि नहीं।

बुल्ला : कंजरी बनने से मेरी इज़्ज़त नहीं घटती और घटती भी है तो घटे पर मैंने नच्च के यार मनाणां ए *(फिर गाने–नाचने लगता है)*

कव्वाली : छेती बहुड़ी वे तबीबा नहीं ते मर गइआं
ते इश्क़ नचाइआ करके थइया थइया
तेरे इश्क़ ने डेरा मेरे अन्दर कीता
भर के ज़हर पिआला आप मैं पीता
पीरा मैं भुल गइआं, तेरे नाल ना गइआं
तेरे इश्क़ नचाइया करके थइया थइया
बुल्ले शाह नू सद्दो शाह इनायत बूहे
जिहने पवाये चोले सावे से सूहे
जद मारी है अड़्डी, उदों मिल गइआं
(शाह इनायत अपने दरवाज़े पर आकर बुल्लेशाह को पागलों की तरह नाचते–गाते देखता है। बुल्लेशाह की निगाह जैसे ही शाह इनायत पर पड़ती है, बुल्ला उसके क़दमों पर गिर जाता है।)

इनायत : बुल्ला तू!

बुल्ला : बुल्ला नहीं, भुल्ला आखो...

इनायत : सुबह का भूला शाम को घर लौट आये तो वो भूला नहीं कहाता। यह नाच कहाँ से सीखा?

बुल्ला : यह हिदायत मुझे ग्वालियर से हुई...

इनायत : मैं जानता था तू वहाँ ज़रूर जायेगा।

बुल्ला : अपने मुर्शिद से दूर जाकर ही मुझे अहसास हुआ।

इश्क़ की तेग से मुई, नहीं वो ज़ात की दुई।
और पिया पिया कर मुई, मोयां फिर रूह चितारेगा।
बुल्ला शौह इश्क़ है तेरा, उसी ने जी लिया मेरा।
मेरे घर–बार कर फेरा, वेखा सिर कौण वारेगा।

(इनायत शाह आगे बढ़कर बुल्ले को गले लगा) लेता है। बुल्ले की आँखों में आँसू।

इनायत : चल आ बैठ मेरे कोल ते सुन मेरी बात...मैंने तुझे आज जैसे नाचते--गाते देखा है, तेरी काफियाँ, तेरी दोहे, तेरी कव्वाली, सब इस बात की गवाह हैं कि अब तू मारफ़त तक पहुँच गया है। मैं तुझे यहीं तक पहुँचा सकता था, वो हो गया। अब आगे का रास्ता तुमने ख़ुद तय करना है।

बुल्ला : यह कैसे होगा मेरे मुर्शिद?

इनायत : होगा!, ऐसे ही होगा...तूने अपनी ज़ात पहचान ली है, तूने अपनी राह भी जान ली है...बस अब तू कसूर जा और वहाँ लोक से जुड़। आगे का रास्ता लोक से होकर जाता है। यह लोक ही हमें सही राह दिखाता है। जा बुल्लया जा, तेरी हर मुराद पूरी हो।

(नेपथ्य से) चीना इंज छंडीदा यार, चीना इंज छंडीदा।

(फ़ेड आउट)

(फ़ेड इन)

(कसूर में बुल्लेशाह का डेरा। बुल्ला बैठा हुआ अपनी ही एक काफ़ी गुनगुना रहा है)

ऐसा जगया ज्ञान पलीता

न हम हिन्दू न तुरक ज़रूरी, नाम इश्क़ दी है मनजूरी

आशिक़ ने हर जीता, ऐसा जगया ज्ञान पलीता।

विखों ठगां शोर मचाया, जंमणा मरणा चा बणाया।

मूरख भुल्ले रौला पाया, जिस नूं आशिक़ ज़हर कीता

ऐसा जगया ज्ञान पलीता।

बुल्ला आशिक़ दी बात न्यारी, प्रेम वालयाँ बड़ी करारी

मूरख दी मत ऐंवें मारी, वाक सुख़न चुप कीता।

ऐसा जगया ज्ञान पलीता।

तभी शोर सुनाई देता है 'पकड़ो, पकड़ो...वो देखो, उधर भागा जा रहा है, भागने न पाये। नाहर सिंह अपने हाथ में ख़ून से भरी तलवार लहराता हुआ इधर–उधर भागता है, पीछे–पीछे दो सिपाही।

सिपाही एक : रुक, अज्ज तू बचके नहीं जा सकता।

सिपाही दो : कहाँ गया? वो देखो, उधर, नहीं इधर।

(दोनों सिपाही भागते रहते हैं लेकिन नाहर सिंह और उसके दो सिख साथी उनकी नज़रों में धूल झोंककर बुल्लेशाह के डेरे में घुस जाते हैं। बुल्ला हैरानी से देखता है। नाहर डेरे के किसी कमरे में छिप जाता है। तभी सिपाहियों का प्रवेश)

सिपाही एक : इधर नाहर सिंह आया है?

बुल्ला : *(अनजान सा बनकर)* नाहर सिंह, कौन नाहर सिंह?

सिपाही दो : वही, जिसने पूरे पंजाब में क़त्लो–ग़ारत मचा रखी है।

बुल्ला : नहीं, इधर कोई नहीं आया।

सिपाही एक : झूठ बोलोगे तो तुम भी सज़ा पाओगे फ़क़ीर।

बुल्ला : फ़क़ीरों के यहाँ क़ातिलों का क्या काम? *(सिपाही इधर–उधर देखते हैं। उन्हें कोई दिखाई नहीं देता)*

सिपाही दो : अगर इधर कहीं दिखे तो फौरन ख़बर करो, बादशाह का हुक्म है कि नाहर सिंह को ज़िन्दा या मुर्दा पकड़ लिया जाये, जहाँ भी दिखे।

बुल्ला : *(सिर हिलाकर)* ठीक है।

सिपाही एक : अपनी क़ौम के बन्दे हो और फ़क़ीर भी, यक़ीन करके जा रहे हैं, इधर आये तो ख़बर करना। चलो, कहीं भाग न जाये *(बुल्ला उन्हें कुछ देर तक दूर जाते हुए देखता रहता है)*

बुल्ला : आजा बाहर, गये सिपाही।

(नाहर सिंह और उसके साथी हाथ में तलवार पकड़े हुए मंच पर आते हैं)

नाहर सिंह : तू वही फ़क़ीर है न, एक बार मिला था ग्वालियर के रास्ते। याद है? मुझे पहचाना?

बुल्ला : पहले ख़ुद को पहचान लूँ, फिर किसी और को देखूँ।

नाहर सिंह : मैं नाहर सिंह, आप जानते हो मुझे, यह तलवार, वो सिपाही।

बुल्ला : जानता हूँ, तुम वही नाहर सिंह हो न, जिसने सारे पंजाब में कत्लो–ग़ारत मचा रखी है। गाँव के गाँव जला दिये हैं, वही हो न।

नाहर सिंह : जानते हो, फिर भी सिपाहियों से झूठ बोला, एक फ़क़ीर होकर झूठ!

बुल्ला : जानता हूँ जिन गाँवों को तुमने जला दिया है, वहाँ न औरतें बची हैं, न बच्चे, फिर भी झूठ बोला, कोई वजह होगी न।

नाहर सिंह : वजह होगी, नहीं होगी, मुझे उससे क्या मतलब, मैं बस इतना जानता हूँ कि आज औरंगज़ेब ज़िन्दा होता तो देखता अपनी सल्तनत का हाल, देखता उजड़ा हुआ पंजाब, देखता रोती–बिलखती बेवाएँ। देखता, सिख सेवा करना जानता है तो बदला लेना भी।

बुल्ला : यह सब तूँ क्यों कर रहा है नाहर?

नाहर सिंह : आपने ही तो एक जगह कहा है–ना कहूँ जब की, ना कहूँ तब की/बात कहूँ मैं अब की। अगर न होते गुरु गोविन्द सिंह/सुन्नत होती सभ की।

बुल्ला : मैंने कहा था? कब? कहाँ। फ़क़ीर हूँ, जो ठीक लगता है, बोल देता हूँ...पर इस हिंसा से कुछ हासिल नहीं होता।

नाहर सिंह : आपका क्या, जो चाहे कहो लेकिन मेरे हिय में तो भांभड़ मचा हुआ है। वो औरंगज़ेब जिसने मेरे गुरु तेग़ बहादुर को सरे–आम शहीद किया, वो औरंगज़ेब जिसने गुरु गोविन्द सिंह के दो साहबज़ादे दीवार में चुनवा कर शहीद किये, उन्हीं के इस चेले ने हज़ारों मुसलमानों के सिर काट–काट कर ढेर लगा दिये...आज औरंगज़ेब ज़िन्दा होता तो यह भी देखता कि लाहौर से बटाले तक के गाँव के गाँव जले पड़े हैं...मैंने दशमेश पिता गुरु गोविन्द सिंह की शहादत का बदला ले लिया है।

बुल्ला : बदला, नफ़रत, क़त्ल, लूट–मार। वाह अच्छा बहादुर चेला है तू अपने गुरुओं का। अब ख़ुश है न! अब तू हरमन्दिर साहब जाके स्नान करेगा, यही न।

नाहर सिंह : कसम है मेरी, गुरुओं की शहादत का बदला लेके हरमन्दिर साहब हाज़िरी दूँगा, मत्था टेकूँगा, और पवित्र सरोवर में स्नान भी करूँगा।

बुल्ला : नहीं जानता नाहर कि मासूमों के ख़ून से नहाया तेरा शरीर पवित्र होएगा कि नहीं पर तू उस पाक सरोवर को ज़रूर नापाक करेगा।

नाहर सिंह : आप अपनी क़ौम को मासूम मानते हो, मानो, लेकिन यह बताओ गुरु तेग़ बहादुर का कुसूर क्या था? यही न कि कश्मीरी पण्डित उनके पास आये और गुहार लगाई कि ज़ालिम औरंगज़ेब उनके जनेऊ उतरवाकर, चोटियाँ काटकर उन्हें जबरी मुसलमान बनाना चाहता था। क्यों? आख़िर क्यों? औरंगज़ेब और तो और हमारे गुरु का ही धर्म बदलना चाहता था। हिन्दू सहनशील ज़रूर होता है, कायर नहीं। गुरु गोविन्द सिंह ने हमें सिंह बनाया। सिंहों को छेड़ो मत, वरना फाड़ खायेंगे। अगर आपके मज़हब में किसी काफ़िर को मोमिन बनाने से सवाब मिलता है तो मेरे धर्म में भी ज़ुल्म का बदला लेने से स्वर्ग मिलता है। मैंने तो सिर्फ़ ज़ुल्मों का बदला लिया है। तलवार को तलवार ही काटती है बुल्ले।

बुल्ला : नहीं नफ़रत नफ़रत से नहीं, प्यार से ख़त्म होती है। यह तशद्‌दुत का रास्ता ठीक नहीं।

नाहर साथी : हुक्म करो तो इस फ़क़ीर का सिर कलम करके इसे इसकी औकात दिखा दें।

नाहर सिंह : नहीं, हम एहसान–फ़रामोश नहीं, इसने हमारी जान बचाई है। वैसे भी यह बाबा फ़रीद और मियाँ मीर के क़बीले का बन्दा है। इसने पहले भी सिख सवारों की जान बचायी है।

सिख साथी : यह वही बुल्ला है न, जिसने गुरु तेग़ बहादुर को ग़ाज़ी कहा था।

बुल्ला : ग़ाज़ी नहीं, ग़ाज़ियों का सरदार।

नाहर सिंह : हम भी उसी ग़ाज़ी के चेले हैं। यह भी सच है बुल्लया कि तेरे दोहे हमारे सिपाही बड़े शौक़ से गाते हैं, छड्डु न ए बहस, कुछ सुना जिससे मन थोड़ा शान्त हो।

बुल्ला : *(मुस्कुराते हुए)* शान्ति, अम्न, चैन...

सिख साथी : *(गाने लगता है)*

बुल्लया धरमशाला विच नाही, जित्थे मोहन भोग लवाए
विच मसीतां धक्के मिलदे, मुल्लाँ त्यौड़ी पाये
दौलतमंदां ने बूहेया उत्ते चोबदार बिठाये
पकड़ दरवाज़ा रब्ब सच्चे दा, जित्थे दुख दिल दा मिट जाये।

(सभी दाद देते हैं)

सिख साथी : दिन ढल रहा है, चलें?

नाहर सिंह : चलो, आज कम से कम मुसलमानां का एक गाँव तो जला ही दें।

बुल्ला : फिर वही नफ़रत का राग। नफ़रत का राग छोड़। प्यार, इश्क़, मोहब्बत, जो भी कह लो, उस राग की तान छेड़। बात सिर्फ़ वही करो, जिससे इन्सान की रूह को सुकून मिले।

नाहर सिंह : हम भी प्यार के भूखे हैं बुल्लया, पर इन वैरियों ने हमारे साथ क्या किया। हमारे दशमेश पिता

ने तभी हमें सिखाया शास्त्र के साथ शस्त्र भी। जहाँ अन्याय हो, ज़ुल्म हो, उसके ख़िलाफ़ आवाज़ उठाओ, तलवार उठाओ। मज़लूम पर वार नहीं और जाबर पर प्यार नहीं।

बुल्ला : ओए इश्क़ दे वैरिया, होर नहीं ते बुद्ध के फ़लसफ़े नूं ही याद कर ले।

नाहर : बुद्ध का ज़माना गया, मुसलमान नहीं थे तब... आज अहिंसा से काम होने वाला नहीं है...हमारे लिए एक ही रास्ता बचा है, तलवार का रास्ता।

बुल्ला : मेरे पास न शास्त्र है, न शस्त्र। मेरे मुर्शिद ने ते बस

इक नुकता यार पढ़ाया ए।
इक नुकता यार पढ़ाया ए। *(टेक)*
ऐन ग़ैन दी इक्का सूरत, इक नुकते शोर मचाया ए।
इक नुकता यार पढ़ाया ए।
सस्सी दा दिल लुट्टण कारन, होत पुन्नू बण आया ए।
इक नुकता यार पढ़ाया ए।
बुल्ला शाह दी ज़ात न काई, मैं शाह इनायत पाया ए।
इक नुकता यार पढ़ाया ए।

नाहर सिंह : वाह जी वाह, एक तरफ़ तलवार, एक तरफ़ यह बाणी। मनणा पड़ेगा दिल पसीज जांदा आपकी बाणी सुनकर, आज दिल करता है रोटी आपके साथ ही खाऊँ। खिलाओगे?

बुल्ला : यह नहीं हो सकता।

नाहर सिंह : नहीं हो सकता, क्यों?

बुल्ला : तेरी रोटी अलग, मेरी अलग।

नाहर सिंह : ओ, आख़िर निकलया न पक्का मुसलमान।

बुल्ला : खायेंगा मेरे नाल रोटी *(गाने लगता है)*

दुखाँ दी रोटी, सूली दा सालण
आही दा बालण बाल
माए नी मैं किहनूं आखाँ
दुखाँ दी रोटी, सूली दा सालण

(गाते–गाते दृश्य से बाहर हो जाता है)

सिख साथी : ए की कहंदा दार जी।

नाहर सिंह : कहंदा इश्क़ की बात। यहाँ तो आग लगी हुई है बदले की। जब तक इन मुसलमानों का खात्मा न कर लूँ, गुरुओं की शहादत का बदला न ले लूँ, मुझे चैन नहीं। *(कहकर बुल्लेशाह के डेरे से बाहर निकलता है कि छिपे हुए तीन सिपाही उस पर झपट पड़ते हैं। वह हतप्रभ)*

सिपाही : हम जानते थे तू यहीं छिपा है। हम भी शाह आलम के सिपहसालार हैं, यूँ ही नहीं, *(नाहर सिंह ख़ुद को छुड़वाने की कोशिश करता है। उसके दो साथी भी तलवार निकालना ही चाहते हैं कि पकड़ लिए जाते हैं)* ओए देख तो कैसा फड़फड़ा रहा है, ले चलो इसे ...*(कुछ शब्द कुछ अपशब्द)*

(फ़ेड आउट)

(फ़ेड इन)

(कसूर का बाज़ार। बुल्ला बीच बाज़ार में गा रहा है, नाच रहा है। उसके साथ उसके दो शागिर्द भी हैं। भीड़ बुल्लेशाह के नाच–गाने के

साथ मस्त होती हुई उसके साथ ही शामिल हो जाती है।)

बुल्ला : मेरी बुक्कल दे विच चोर
साधो किसनूं कूक सुनावां
मेरी बुक्कल दे विच चोर
किते रामदास किते फ़तेह मुहम्मद
इहो कदीमी शोर
मुसलमान सिवें तो चिढ़दे,
हिन्दू चिढ़दे गोर,
चुक गये सभ झगड़े झेड़े
निकल गया कोई होर,
साधो किसनूं कूक सुणावां
मेरी बुक्कल दे विच चोर।

(भीड़ में से निकलकर एक आदमी भागा–भागा मौलवी के पास जाता है और उसके कान में जाकर कुछ बताता है। इधर बुल्ला नाच–गाने में मस्त है। लोग भी उसके साथ मस्त हैं। बुल्ला लोकेशन बदलता है। दूसरी काफ़ी गाने लगता है)

बुल्ला : मन अटक्यो शाम सुन्दर सों। *(टेक)*
कहूँ वेखूं बाहमण कहूँ शेखा,
आप आप करन सभ लेखा।
क्या क्या खेलया हुनर सौं,
मन अटक्यो शाम सुन्दर सों।
सूझ पड़ी तब राम दुहाई,
हम तुम एक न दूजा काई।
इस प्रेम नगर के घर सों,
मन अटक्यो शाम सुन्दर सों।

पण्डित कौण कित लख सुणाए,
न कहीं जाये न कहीं आये।
जैसे गुर का कंगण कर सों,
मन अटक्यो शाम सुन्दर सों।
बुल्ला शौह दी पैरीं पड़िए,
सीस काट कर अग्गे धरिए।
हुण मैं देखां हर हर सों,
मन अटक्यो शाम सुन्दर सों।

(बीच में ही एक आदमी भागकर जाता है और फिर मौलवी और क़ाज़ी के कान में कुछ कह आता है। क़ाज़ी के चेहरे पर ग़ुस्से के भाव।)

(इधर बुल्ला लोगों के साथ बात करने में मशगूल है। तभी दो सिपाही आते हैं और बुल्लेशाह को पकड़ लेते हैं।)

एक आदमी : क्या हुआ जनाब?

सिपाही : हम नहीं जानते। हमें हुक्म हुआ है और हम उसकी तामील कर रहे हैं। *(ले जाने लगते हैं)*

दूसरा आदमी : इन्हें कहाँ ले जा रहे हो?

सिपाही : हम नहीं जानते, हम हुक्म की तामील कर रहे हैं।

पहला : किसका हुक्म?

सिपाही : हुक्म शहंशाह शाह आलम का। चुप रहो, वरना तुम भी धर लिए जाओगे।

दूसरा : अन्धेरगर्दी है क्या। फ़क़ीर सिर्फ़ गा रहा है, नाच रहा है। उसका कुसूर क्या है?

सिपाही : हम नहीं जानते, हम बस हुक्म की तामील कर रहे हैं।

भीड़ : अजीब अहमक लोग हैं यह, हम नहीं जानते, हम नहीं जानते की रट लगा रखी है।

सिपाही : हटो, हटो। *(सिपाही बुल्लेशाह को ले जाते हैं।)*

एक : यह कैसा समां आया है, न वकील, न दलील, न अपील। अपना बादशाह ऐसा तो नहीं कि किसी की सुने न।

दूसरा : सिपाही क्या समझे दलील, अब फ़ैसला अदालत में होगा।

पहला : हुक्म बादशाह का, अदालत भी बादशाह की।

दूसरा : दो–चार दिन में सुनवाई तो होगी न। देखते हैं।

(फ़ेड आउट)

(फ़ेड इन)

(अदालत। क़ाज़ी, मुफ़्ती, मौलवी और पण्डित मौजूद हैं। धीरे–धीरे लोग भी जमा होते हैं। बुल्ले को सिपाही लाते हैं)

क़ाज़ी : नाम?

बुल्ला : बुल्ला।

मुफ़्ती : असली नाम बता।

क़ाज़ी : असली नाम?

मुफ़्ती : इसका असली नाम अब्दुला है। अब्दुला शाह वल्द दरवेश शाह।

क़ाज़ी : यही नाम है न तेरा।

(बुल्ला हाँ में सिर हिलाता है)

क़ाज़ी : ज़बान पर ताले पड़े हैं क्या?

बुल्ला : जी, अब्दुला कहो या बुल्ला, बन्दा वही है।

क़ाज़ी : इल्ज़ाम?

मुफ़्ती : अब्दुला शाह उर्फ़ बुल्लेशाह, तुम पर इल्ज़ाम है कि तुम शरआ के दुश्मन हो। इल्ज़ाम है

कि तुमने मुसलमानों के क़ातिल नाहर सिंह को बचाने में उसकी मदद की। इल्ज़ाम है कि तुमने गुलनार तवायफ़ का शागिर्द बनके नाचना सीखा और कंजरी बनकर इधर–उधर नाचता फिरा। इल्ज़ाम है कि तुमने औरतों का भेस बदलकर सरे–बाज़ार मटक–मटक के घूमता फिरा। और वो भी मारफ़त के नाम पर।

क़ाज़ी : बड़ी शरम की बात है अब्दुला कि यह सब तुमने मारफ़त के नाम पर किया।

मुफ़्ती : अभी एक इल्ज़ाम और है।

क़ाज़ी : और भी।

मुफ़्ती : सबसे बड़ा इल्ज़ाम है कि अब्दुला उर्फ़ बुल्ला बुत–परस्त है। कृष्ण के लिए काफ़ियाँ गाता फिरता है। क्यों पण्डित?

पण्डित : *(सहमा सा)* हाँ गाता है, यह कोई गुनाह है क्या?

क़ाज़ी : बुत–परस्ती शरीअत में गुनाह है।

मुफ़्ती : इतने गुनाह काफ़ी हैं या कुछ और।

क़ाज़ी : और भी?

मुफ़्ती : इसका बस चलता तो यह दीन की हर अच्छी चीज़ को जला डालता, राख कर देता उन रवायतों को जिनके सहारे हमारा ईमान कायम है। उस वक़्त तो बुल्ले ने सारी हदें ही पार कर दीं, जब उसने ख़ुदा से खुल्लम–खुल्ला बग़ावत का ऐलान कर दिया। हमारी तारीख़ में आज तक ऐसा कोई मुसलमान नहीं, जिसने इतने गुनाह एक साथ किये हों। मुसलमान तो क्या, किसी ग़ैर–मुस्लिम की भी जुर्रत नहीं हुई

कि ऐसा करता। आपको याद होगा जनाब कि एक बार पहले भी बुल्ले को काफ़िर करार देके शहर से बाहर निकाल दिया गया था।

मौलवी : एक नमूना देखिए बुल्ले के क़लाम का–
बुल्लिया पी शराब ते खा कबाब
ते हेठ बाल हड़ाँ दी अग्ग
चोरी कर ते भन्न घर रब दा
ते उस ठगाँ दे ठग नूँ ठग

क़ाज़ी : बुल्ला तू कुछ बोलता क्यों नहीं?

मौलवी : यह क्या बोलेगा। इसकी बोली सुनो
हाजी लोग मक्के वल जाँदे
असाँ जाणा तख़्त हजारे
जित वल यार उस वल काबा
भावें खोल किताबाँ चारे।
पण्डित जी, यह चार किताबें कहीं आपके वेद तो नहीं।

पण्डित : हो भी सकते हैं, नहीं भी हो सकते। छोटा मुँह बड़ी बात हुज़ूर, कृष्ण भक्त होना कोई गुनाह नहीं।

क़ाज़ी : यह फ़ैसला तुम करोगे या हम?

बुल्ला : मोमिन काफ़िर मैनूं दोवें ना दिसदे
वहदत दे विच आके
चौली चुन्नी ते फुकिया चुघा
धुनी शरक जगा के।

मौलवी : तू जानता भी है कि क्या बोल रहा है। तुझे इस जुर्म में संगसार किया जा सकता है।

बुल्ला : मुल्ला ऐवें चाईआ ऐ
भार किताबां दा

मेरी मन ते
वजू कर शौक़ शराबाँ दा
तेरे अन्दर बाहर पलीती ऐ।

क़ाज़ी : ख़बरदार बुल्ले, तू हद से बाहर जा चुका है। अपनी सफ़ाई में कुछ बोलना चाहता है तो जल्दी बोल...तेरी वाहियात बातें सुन–सुन कर हमारी हिम्मत जवाब दे रही है। बोल तुझे अपने किये का पछतावा है और तू तौबा करता है तो हम तेरी जान बख़्श देने पर ग़ौर कर सकते हैं।

बुल्ला : जालम ज़ुल्मों ना है डरदे
आपणे अमली आपे मरदे
मुँहों जे तौबा दिलों ना करदे
ऐथे–ओथे होवण खवार
नित पढ़ना ऐ असतगवार
कैसी तौबा है इह यार
यह तो
इश्क़ दी नवियों नवीं बहार।

क़ाज़ी : लगता है तेरा दिमाग़ टिकाणे नहीं। न तेरी ज़बान तेरे क़ाबू में है। मुफ़्ती साहब, आपने कोई फ़तवा देना है या मैं करूँ फ़ैसला।

मौलवी : बुल्ले के गुनाह तो मौत के तलबग़ार हैं लेकिन ज़रा ध्यान कर लीजिए कि बुल्ले के वालिद दरवेश शाह भी ख़ुद पाण्डोके की मस्जिद के मौलवी हैं। सही राह चलता तो यह जल्दी ही मौलवी बनता, लेकिन इसकी बद्‌जातियाँ...ख़ुद ही भुगतेगा।

पण्डित : मेरी भी प्रार्थना स्वीकार हो जनाब, बुल्लेशाह के कर्म ऐसे ख़राब नहीं हैं कि उसे कोई सख़्त सज़ा दी जाये।

मौलवी : पण्डित, आप ख़ामोश रहिए...जो ख़ुदा को नहीं मानता, शरीअत को नहीं मानता, वह काफ़िर है।

पण्डित : सबके रब्ब अपने–अपने...बुल्लेशाह तू कुछ तो बोल कि तू किस रब्ब को मानता है?

बुल्ला : रब्ब इक गुंजलदार बुझारत
रब्ब इक गोरखधन्धा
जेड़ा गुंजल नूँ खोलण लग्गे,
काफ़िर हो जाये बन्दा
मैनूँ लाई लग्ग मुसले कोलों
खोजी काफ़िर चंगा।

मौलवी : अब्दुल, बहुत हुआ, हम और छूट नहीं दे सकते। अब फ़ैसला सुनाइए।

क़ाज़ी : सारी दलीलें सुनने के बाद यह साबित होता है कि अब्दुला उर्फ़ बुल्ला ने अपनी काफ़िराना हरक़तों से क़ौम और मुल्क़ का नुक़सान किया है और अगर इसे ऐसे ही करने दिया गया तो वतन का अम्नो–चैन ख़त्म हो सकता है। इस्लाम की तौहीन की है। यह कुफ़्र है और ऐसे काफ़िर की सज़ा सिर्फ़ मौत है।

लोग : रहम, हुज़ूरे–आला रहम।

क़ाज़ी : अदालत यह भी जानती है कि अब्दुला शाह उर्फ़ बुल्लेशाह के वालिद शाह मुहम्मद दरवेश गाँव पाण्डोके की मस्जिद के मौलवी हैं। इसलिए अदालत बुल्लेशाह को सुधरने का एक मौक़ा देते हुए हुक्म देती है कि वह कल सुबह होने से पहले कसूर शहर छोड़ दे। अगर कल सुबह के बाद भी बुल्लेशाह कसूर शहर के किसी भी

हिस्से में दिखा तो उसके ख़िलाफ़ सख़्त से सख़्त कार्रवाई की जायेगी।
अदालत बर्ख़ास्त की जाती है।
(सभी चले जाते हैं। केवल बुल्लेशाह और कुछ लोग ही अदालत में खड़े हुए हैं।)
(बुल्ला गाने लगता है)
चल, बुल्लिया, चल ओथे चलिए, जित्थे सारे अन्ने।
ना कोई साडी जात पछाणे, ना कोई सानूं मन्ने।
(बुल्ला अदालत से बाहर आता है। बाहर उसे गुलनार मिलती है। दोनों बाज़ार से गुज़रते हैं। नाहर सिंह को एक पिंजरे में बन्द करके कुछ सिपाही लिए जा रहे हैं। कुछ तमाशबीन सीटियाँ और तालियाँ बजाते हुए उसे हिकारत की निगाह से देखते हैं)

नाहर सिह : ओ बुल्लेशाह जी, सत श्री अकाल।

बुल्ला : *(देखता रहता है)* नाहर सिंह। तुझे भी पकड़ लिया।

नाहर सिंह : कोई चिन्ता नहीं, मैंने गुरुओं की शहादत का बदला ले लिया है। अब चाहे जहाँ ले जायें। *(गुरु ग्रन्थ साहब से कोई माकूल पंक्तियाँ नाहर सिंह गाता है)* नाहर सिंह दृश्य से बाहर।

बुल्ला : रब्ब करे तेरे दिल में इश्क़ जागे।

गुलनार : अब?

बुल्ला : अब शहर से बाहर...मेरे लिए दूसरे दुखी क्यों हों। मेरा रास्ता अलग, मेरी मंज़िल मुझे सामने दिखाई दे रही है। अच्छा गुलनार...रुख़्सत।

गुलनार : मैं भी साथ चलूँगी बुल्लेशाह जी।

बुल्ला : मेरे साथ! मेरे साथ क्यों?

गुलनार : आपकी सेवा करूँगी।

बुल्ला : मेरी राह मुश्किल है गुलनार।

गुलनार : परवाह नहीं।

(तभी दो लोग और आ जाते हैं।)

एक : बुल्लेशाह जी, एक सवाल है आपसे?

बुल्लेशाह : फ़रमाएँ।

दूसरा : मेरा भी सवाल वही है शाह जी।

बुल्लेशाह : पूछो तो सही।

पहला : मेरा नहीं, इसका नहीं आज यह सवाल सब पूछ रहे हैं कि आपको इतनी सज़ा मिली, बदनाम कर रहे हैं आपको, आप फिर भी मुस्कुरा रहे हैं। आप हिन्दू नहीं, मुसलमान नहीं तो फिर आप हैं कौन?

(बुल्ला गाने लगता है।)

बुल्ला की जाणां मैं कौण।
न मैं मोमन विच मसीतां,
न मैं विच कुफ़र दीयां रीतां।
न मैं पाकां विच पलीतां,
न मैं मूसा न फ़रऔन।।
न मैं अन्दर बन्द किताबां,
न विच भंगां न शराबां।
न विच रिंदां मस्त खराबां,
न विच जागण, न विच सौण।।
न विच शादी न गमनाकी,
न मैं विच पलीती पाकी।
न मैं आबी न मैं ख़ाकी,
न मैं आतिश न मैं पौण।।

न मैं अरबी न लाहौरी,
न मैं हिन्दी शहर नगौरी।
न हिन्दू न तुरक पशौरी,
न मैं रहन्दा विच नदौन।।
न मैं भेद मज़हब दा पाया,
न मैं आदम हव्वा जाया।
न मैं अपना नाम धराया,
न विच बैठन न विच भौण।।

(धीरे–धीरे लोग बुल्लेशाह के साथ जुड़ते जाते हैं और फिर सभी कलाकार इस काफ़ी में शामिल होकर झूमने लगते हैं। दर्शक भी शामिल होते हैं। पीछे एक हुजरा बनता हुआ दिखाई देता है।)

(पटाक्षेप)

□□

नोट्स

इल्मे–सफ़ीना	:	वह ज्ञान जो धार्मिक/आध्यात्मिक ग्रन्थों के माध्यम में बताया गया है।
इल्मे–सीना	:	वह ज्ञान जो हृदय द्वारा प्रतिवादित है।
शरीअत	:	इस्लामी रवायतें, कर्मकाण्ड।
तरीक़त	:	सदाचार की शिक्षा/अभ्यास।
मरफ़त	:	रूहानी अभ्यास से प्राप्त हुए आन्तरिक भेद।
हक़ीक़त	:	परमात्मा/खुदा/रब से मिलने की उच्चतम रूहानी अवस्था।